BEI GRIN MACHT SICH
WISSEN BEZAHLT

- Wir veröffentlichen Ihre Hausarbeit,
  Bachelor- und Masterarbeit

- Ihr eigenes eBook und Buch -
  weltweit in allen wichtigen Shops

- Verdienen Sie an jedem Verkauf

Jetzt bei www.GRIN.com hochladen
und kostenlos publizieren

Bibliografische Information der Deutschen Nationalbibliothek:

Die Deutsche Bibliothek verzeichnet diese Publikation in der Deutschen National-
bibliografie; detaillierte bibliografische Daten sind im Internet über http://dnb.d-
nb.de/ abrufbar.

Dieses Werk sowie alle darin enthaltenen einzelnen Beiträge und Abbildungen
sind urheberrechtlich geschützt. Jede Verwertung, die nicht ausdrücklich vom
Urheberrechtsschutz zugelassen ist, bedarf der vorherigen Zustimmung des Verla-
ges. Das gilt insbesondere für Vervielfältigungen, Bearbeitungen, Übersetzungen,
Mikroverfilmungen, Auswertungen durch Datenbanken und für die Einspeicherung
und Verarbeitung in elektronische Systeme. Alle Rechte, auch die des auszugsweisen
Nachdrucks, der fotomechanischen Wiedergabe (einschließlich Mikrokopie) sowie
der Auswertung durch Datenbanken oder ähnliche Einrichtungen, vorbehalten.

Impressum:

Copyright © 2009 GRIN Verlag
Druck und Bindung: Books on Demand GmbH, Norderstedt Germany
ISBN: 9783640371952

Dieses Buch bei GRIN:

https://www.grin.com/document/131106

Danny Blau

Klassisches R/3 und mySAP ERP - Gemeinsamkeiten und Unterschiede

GRIN Verlag

GRIN - Your knowledge has value

Der GRIN Verlag publiziert seit 1998 wissenschaftliche Arbeiten von Studenten, Hochschullehrern und anderen Akademikern als eBook und gedrucktes Buch. Die Verlagswebsite www.grin.com ist die ideale Plattform zur Veröffentlichung von Hausarbeiten, Abschlussarbeiten, wissenschaftlichen Aufsätzen, Dissertationen und Fachbüchern.

Besuchen Sie uns im Internet:

http://www.grin.com/

http://www.facebook.com/grincom

http://www.twitter.com/grin_com

Zusammenfassung

In diesem Dokument geht es um den Vergleich zwischen SAP R/3 und dem Nachfolgeprodukt mySAP ERP. Es werden hier Gemeinsamkeiten und Unterschiede herausgearbeitet und verständlich dargestellt.

Keywords

SAP R/3, mySAP ERP, mySAP, SAP, Komponentenvergleich

Einleitung

Motivation

Aufgrund der vorgegebenen Themenliste des Dozenten habe ich mich für das Thema Nr. 5 (Klassisches R/3 und mySAP ERP - Gemeinsamkeiten und Unterschiede) entschieden. Dieses war für mich am interessantesten, da ich als Mitarbeiter der Bundesagentur für Arbeit am Einführungsprojekt „ERP" beteiligt war.

Methoden

Diese Seminararbeit wurde mit Literaturrecherche sowie mit dem Auswerten diverse Internetquellen erstellt.

Inhaltsverzeichnis

Abbildungsverzeichnis

Klassisches R/3 und mySAP ERP – Gemeinsamkeiten und Unterschiede

Ausgangslage

SAP R/3 hat sich seit 1992, als dieses damals revolutionär anmutende, aus Bausteinen (Modulen) aufgebaute System offiziell auf den Markt kam, weltweit als die betriebswirtschaftliche Software vor allem für größere Unternehmen durchgesetzt.[1] Auch in öffentlichen Einrichtungen wird es immer mehr genutzt.

Das offizielle Nachfolgeprodukt von SAP R/3 mit Namen „mySAP ERP" wurde Anfang 2005 vorgestellt. Damit wurde klar, dass die Tage von von SAP R/3 gezählt sind.

SAP teilte seinen Kunden mit, dass SAP R/3 nun ein „Auslaufmodell" sei und stellte zudem klar, dass es sich nicht nur um einen einfachen Versionswechsel wie sonst handele, sondern das mit mySAP ERP ein echter Generationswechsel bei der Software-Architektur eingeleitet werde.

SAP deutete also drauf hin, dass mySAP ERP ist eine ganz neue Produktfamilie darstellt.

Dies bedeutet, dass SAP seine Kunden zwingt, bei einem Umstieg auf mySAP ERP einen neuen Softwarevertrag abzuschließen und nicht wie bisher den bestehenden zu modifizieren.

Gründe für den Umstieg

Gründe für SAP

Die Gründe für SAP für einen Umstieg von SAP R/3 zu mySAP ERP dürften vielfältig sein.

Zum einen spielt das Thema Marketing sicherlich eine Rolle, da das Klappern auch zum SAP-Handwerk gehört.[2]

---

1   Vgl. Rupp, Von SAP R/3 zu mySAP ERP: alter Wein in neuen Schläuchen?
2   Vgl. Rupp, Von SAP R/3 zu mySAP ERP: alter Wein in neuen Schläuchen?

Des Weiteren gaben SAP-Berater bekannt, dass SAP unter massivem Druck von großen internationalen Konzernen stand, die immer stärker hervorgetretenen Mängel von SAP R/3 nicht mehr nur zu flicken, sondern durch grundlegende Änderungen der Software-Architektur zu beseitigen.

Gründe für den Kunden

Es hat relativ lange gedauert, die Kunden plausibel davon zu überzeugen, die Software von SAP R/3 auf mySAP ERP umzustellen.

Letztendlich war es wohl die Wartungs- und Releasepolitik, welche die Kunden überzeugt haben.[3]

Nach einer Umfrage der deutschsprachigen SAP-Anwendergruppe (DSAG) vollziehen R/3 Kunden den Softwarewechsel einerseits, weil das weit verbreitete Release R/3 4.6C Ende 2006 aus der Standardwartung gefallen ist.

Wer dieses System weiterhin betreiben möchte, muss einen erhöhten Wartungssatz von 19 Prozent der Lizenzkosten an SAP überweisen.

Ein zweiter Grund: Nachdem der Softwarekonzern im letzten Jahr angekündigt hatte, bis 2010 kein neues ERP-Release mehr zu liefern, sondern Neuerungen über sogenannte Enhancement Packages zur Verfügung zu stellen, besteht für R/3-Nutzer Planungssicherheit.

Zuvor hatte SAP alle zwölf bis 18 Monate eine neue ERP-Version in Aussicht gestellt.[4]

ERP

Bei den beiden Versionen SAP R/3 und mySAP ERP handelt jeweils um ERP-Softwarelösungen.[5] Der Unterschied hier, dass mySAP ERP dies mit im Produktnamen trägt.

---

3 Vgl.: http://www.computerwoche.de/heftarchiv/2007/07/1217941/
4 Vgl.: http://www.computerwoche.de/heftarchiv/2007/07/1217941/
5 Vgl.: Maassen, Schoenen, Werr, Grundkurs SAP R/3, 2005, S. 2

Definition ERP

Enterprise Ressource Planning (ERP) sind Softwarelösungen für die Steuerung von
betrieblichen Geschäftsprozessen. Die Einsatzbereiche reichen von der Organisation bis
hin zu der Verwaltung und der Kontrolle eines Unternehmens. Dazu gehören das
Finanzwesen, die Warenwirtschaft, Lagerhaltung, Produktionsplanung, Disposition,
Buchhaltung, der Vertrieb und das Personalwesen.[6]

Warum ERP

Durch die verschärfte Wettbewerbssituation wird es vor allem für Mittel- und
Großbetriebe immer wichtiger ERP-Systeme zu nutzen, um die Geschäftsabläufe und
den Geschäftsprozess optimal abbilden zu können. Die verschärfte
Wettbewerbssituation ist teilweise auf die Globalisierung zurückzuführen, auf die sich
die Unternehmen erst einstellen müssen. Die Grenzen öffnen sich und es ist vermehrt
globales Denken gefragt.

Die Unternehmensprozesse beginnen und enden heutzutage nicht mehr innerhalb der
Unternehmung. Die Ressourcenverteilung und die Koordination des
Ressourceneinsatzes sind zentrale Strukturgrößen heutiger Unternehmensstrategien,
daher ist eine Optimierung dieser Größen im Zeitalter der Globalisierung von
entscheidender Bedeutung. Auf Grund der veränderten Wettbewerbssituation ist die
Neuorganisation und Optimierung der Geschäftsprozesse unabdingbar geworden. Daher
ist auch „Business Prozess Reengineering" eines der Schlagworte unserer Zeit. Die
sogenannte „New Economy" hat die Wettbewerbssituation der Mittel- und Großbetriebe
noch zusätzlich verschärft.[7]

---

6   Vgl.: http://www.itwissen.info/definition/lexikon/enterprise-resource-planning-ERP.html
7   Vgl.: http://einkauf.oesterreich.com/ERP_Workshop_20070307/workshop/index.htm#h-2-1

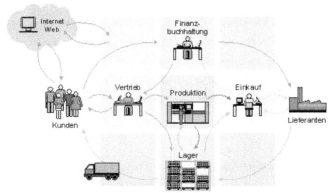

Abbildung 1: Einsatz einer ERP-Lösung

Quelle: http://einkauf.oesterreich.com/ERP_Workshop_20070307/workshop

SAP R/3

Definition SAP R/3

Das „R" steht für Realtime und betont die sofortige Verbuchung und Aktualisierung von Daten, welche im Rahmen der Integration der Funktionsbereiche dadurch aktuell allen betroffenen Abteilungen zur Verfügung steht.[8]

Die „3" steht für die dreischichtige Client/Server-Architektur.

Die 3 Ebenen setzen sich aus der Präsentationsebene, der Applikationsebene und der Datenbankebene zusammen.

---

8 Vgl.: Maassen, Schoenen, Werr, Grundkurs SAP R/3, 2005, S. 2

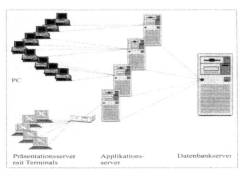

Abbildung 2: 3 stufige Client/Server Architektur

Quelle: http://www.jochen.org/~jochen/sap-r3/architektur.gif

Einsatzgebiete von SAP R/3

Die Zielgruppe für SAP R/3 sind in der Regel Großunternehmen oder Konzerne. Auf
dem Markt zeigt sich, dass neben den Großunternehmen viele mittelständische
Unternehmen ihre heterogene Systemlandschaft verstärkt durch ein integriertes
Softwaresystem ersetzen wollen.

Allerdings ist vor dem Hintergrund knapper Personalressourcen und unter
Berücksichtigung schmaler Budgets bei der Einführung von SAP R/3 im Mittelstand
eine andere Strategie notwendig als bei Großunternehmen.

Daher bietet die SAP AG den Mittelständern entsprechende Lösungen an.[9]

Komplettlösung Business Suite

Bei der SAP-Business Suite handelt es sich um das SAP-Komplettpaket.
Dieses beinhaltet:

- SAP CRM

- SAP ERP Financials (FI)

- SAP ERP Human Ressource Management (HCM)

9   Vgl.: Ullrich, SAP R/3 Der schnelle Einstieg, 2000, S.23

- SAP Product Lifecycle Management

- SAP Supplier Relationship Management

- SAP Supply Chain Management

Mittelstandslösung SAP Business One

SAP Business One ist eine in Ihrer Komplexität und Bedienung stark reduzierte Lösung, welche auf Branchenspezifika verzichtet. Angeboten werden Anwendungen zur Buchhaltung, zum Management von Finanzen und Kundenbeziehungen, zum Einkauf, Verkauf, zur Produktion sowie Werkzeuge zur Analyse der Unternehmensdaten. Zielgruppen sind hier kleinere Unternehmen mit geringen Nutzeranzahlen, wobei insbesondere der Groß- und Einzelhandel Zielmarkt für SAP Business One sein soll.[10] Es handelt sich um eine Lösung für kleine bis mittelständische Unternehmen (ca. 5–150 Mitarbeiter, bis zirka zehn Millionen Dollar Umsatz). Architektur und Funktionalität haben keine Verbindung zu SAP Business Suite oder R/3. Business One hat eine eigene GUI-Technik, ist plattformgebunden und läuft derzeit nur unter MS-Windows.[11]

Mittelstandslösung mySAP All-in-One

mySAP All-in-One berücksichtigt in Erweiterung zu SAP Business One branchenspezifische Anforderungen, z.B. Automobilzulieferer, Maschinenbau, Dienstleister oder Handelsunternehmen.

Es handelt sich um ein vorkonfiguriertes, kleines ERP-System für größere Mittelständer oder Tochterunternehmen großer Konzerne, das ab ca. 50.000 Euro die Vorteile eines ERP-Systems einschließlich branchentypischer Funktionalität bei voller Kompatibilität zum „großen" SAP der Konzernmutter bietet.[12]

Mittelstandslösung mySAP.com

Business ByDesign stellt eine vollständig neu entwickelte Lösung für den Mittelstand

---

10 Vgl.: Maassen, Schoenen, Werr, Grundkurs SAP R/3, 2005, S. 3
11 Vgl.: Stilkerich, Foliensatz „Einführung SAP FOM WS08", S. 23
12 Vgl.: Stilkerich, Foliensatz „Einführung SAP FOM WS08", S. 23

dar. Die Software wurde am 19.September 2007 in New York offiziell vorgestellt und steht ab Anfang 2008 Kunden in 15 Ländern zur Verfügung. Sie wird ausschließlich im Hosting, d.h. im Rechenzentrumsbetrieb durch die SAP, betrieben. SAP arbeitet dabei bereits mit ersten Partnern. Im Gegensatz zu SAP ERP gibt es darüber hinaus kein Customizing im engeren Sinne. Stattdessen findet eine Funktionalitätsauswahl durch den Anwender (Scoping) und eine anschließende Parametrisierung des Systems statt. Jegliche Einstellungen erzeugen im Gegensatz zu SAP ERP immer ein konsistentes System. Die Einführung des Systems kann daher grundsätzlich auch direkt durch den Kunden und ohne Berater erfolgen. Business ByDesign ist im Gegensatz zu SAP ERP nicht modifizierbar. SAP erwartet bis Ende 2008 1.000 Kunden. Im Jahr 2010 soll bereits die Marke von 100.000 Kunden erreicht sein.[13]

Module SAP R/3

Das System SAP R/3 integriert alle Unternehmensabläufe von der Materialwirtschaft bis zum Vertrieb in einer einheitlichen Softwareumgebung und ist die am häufigsten eingesetzte betriebswirtschaftliche Standardsoftware für Client/Server Architekturen. Sie bietet Anwendungskomponenten, die jeweils bestimmte betriebswirtschaftliche Bereiche repräsentieren. Zu diesen Anwendungskomponenten zählen beispielsweise Vertrieb, Materialwirtschaft, Finanzwesen oder Personalwesen. Abhängig vom Bedarf des Unternehmens können Anwendungsbereiche zugeschalteten bzw. abgeschalten werden.[14]

Die nachfolgende Grafik zeigt die Module von SAP R/3 und deren Zusammenspiel auf.

---

13 Vgl.: http://de.wikipedia.org/wiki/SAP#Mittelstandsl.C3.B6sungen
14 Vgl.: Maassen, Schoenen, Werr, Grundkurs SAP R/3, 2005, S. 3

Abbildung 3: SAP R/3 Kernapplikation

Quelle: SAP AG

Die nachfolgende Tabelle listet die oben genannten Komponenten nochmals auf und unterteilt diese in die dazugehörigen Funktionen:

R/3 Bereich	R/3 Komponente n		Funktionen
Rechnungswesen	FI	Finanzwesen	- Finanzbuchhaltung - Anlagenbuchhaltung
	TR	Treasury	- Treasury - Gemeinkostencontrolling
	CO	Controlling	- Produktkostencontrolling - Ergebnis- und Marktsegmentrechnung
	EC	Unternehmenscontrolling	- Unternehmenscontrolling - Investitionsmanagement
	IM	Investitionsmanagement	- Projektmanagement - Konsolidierung
	PS	Projektsystem	- Spezielle Ledger
Logistik	SD	Vertrieb	- Vertrieb
	PP	Produktionsplanung und -steuerung	- Materialwirtschaft - Produktionsplanung und -steuerung
	MM	Materialwirtschaft	- Servicemanagement
	QM	Qualitätsmanagement	- Qualitätsmanagement
	PM	Instandhaltung	- Instandhaltungsmanagement - Logistik-Controlling
	SM	Servicemanagement	- Zentrale Funktionen
	PS	Projektsystem	- Projektmanagement
Personalwirtschaft	HR-PA	Personaladministration und -abrechnung	- Personaladministration - Personalbeschaffung - Zeitmanagement - Personalabrechnung - Reisekosten
	HR-PD	Personalplanung und -entwicklung	- Organisationsmanagement - Personalentwicklung - Veranstaltungsmanagement - Personalkostenplanung - Personaleinsatzplanung - Personalinformationssystem

Abbildung 4: Funktionen SAP R/3

Quelle: Institut für Wirtschaftsinformatik, Saarbrücken

mySAP ERP

Definition

mySAP ERP ist das Nachfolgeprodukt von SAP R/3. Das Produkt ist seit 2005 auf dem Markt und ist nicht wie Eingehens beschrieben ein Versionswechsel sondern eine neue Produktfamilie der SAP AG.

Die neuen SAP-Konzepte

Die SAP-Software sollte schon immer der Allrounder der betrieblichen Informations- und Kommunikationstechnik (IKT) sein.

Nach Meinung von SAP benötigt eine Firma, die R/3 einsetzte, daneben keine andere Software für ihre zentralen betriebswirtschaftlichen Prozesse, sondern hatte – so meinte jedenfalls SAP – „alles aus einer Hand".[15]

Das hat zwar schon bisher nicht gestimmt, aber mit mySAP ERP gibt SAP dies jetzt auch ganz offiziell zu und macht es sogar zum Teil seines Konzepts.

Offenheit nach allen Seiten

Was mit Blick auf den „Alleinstellungsanspruch" von SAP R/3 gar nicht nötig sein sollte, wird mit dem mySAP ERP Konzept offiziell.

SAP hat erkannt und offen zugegeben, dass alle betriebswirtschaftlichen Prozesse ohne Zusatzsoftware nicht immer abzudecken sind.

Die Verbindung von mySAP ERP zu nicht SAP-Programmen soll mittels standardisierten allgemein verfügbaren Schnittellen ermöglicht werden. Beispielsweise können Dateien mittels des systemübergreifenden Standard XML (Extensible Markup Language) ausgetauscht werden.[16] Realisiert wird dieses mit der NetWeaver-Technik.

---

15 Vgl.: Rupp, Von SAP R/3 zu mySAP ERP: alter Wein in neuen Schläuchen?
16 Vgl.: http://www.computerwoche.de/heftarchiv/2000/18/1074900/

Serviceorientierte Architektur

Mit mySAP ERP verspricht SAP nun, das Konzept einer Serviceorientierten Software-Architektur zu realisieren. Bei SAP wird dieses „SAP-ESA" oder neuerdings auch „Enterprise SOA" genannt.

Dieses SOA-Konzept soll dafür sorgen, dass unterschiedliche Softwarefunktionen besonders schnell zur Verfügung stehen.

Vieles von dem, was SAP dem Kunden hiervon verspricht, steht bisher nur auf dem Papier und harrt noch seiner Realisierung.[17]

Dennoch betrachtet SAP dieses Konzept als strategisch entscheidendes Projekt für die Zukunft von mySAP ERP.[18]

mySAP ERP Baukasten

mySAP ERP ist noch viel weniger als SAP R/3 eine Standardsoftware an einem Stück. Bei der Vielzahl von nach Bedarf einsetzbaren, bausteinartig miteinander zu kombinierenden Komponenten und durch die noch größere Anpassbarkeit der einzelnen Funktionen wird es in Zukunft kaum noch zwei Firmen geben, deren mySAP ERP-Installationen auch nur ansatzweise identisch ist.[19]

Auswertung der Daten als Basis der Unternehmensstrategie

Die SAP AG betont in Ihren Prospekten besonders die stark verbesserte Auswertungsmöglichkeit der im System gespeicherten Daten. Die Auswertung dieser betriebswirtschaftlichen Daten soll die Grundlage für die strategische Unternehmensführung sein. Praktisch wird dies durch die Komponente „Business Warehouse (BW)" gelöst, welche in die Basis von mySAP ERP integriert ist.

Dies bedeutet, dass alle abgespeicherten Daten in einen Zusammenhang gebracht werden können, da diese in einem gemeinsamen Daten-Lagerhaus abliegen.

---

17 Vgl.: Rupp, Von SAP R/3 zu mySAP ERP: alter Wein in neuen Schläuchen?
18 Vgl.: http://www.sap.com/germany/plattform/enterprisesoa/index.epx
19 Vgl.: Rupp, Von SAP R/3 zu mySAP ERP: alter Wein in neuen Schläuchen?

Neue Komponenten

Wenn im Zusammenhang mit mySAP ERP von neuen Komponenten die Rede ist, dann heißt das nicht unbedingt, dass alle diese Komponenten auch wirklich neu sind. Es gibt zwar echte neue Komponenten, oft haben diese allerdings auch schon unter SAP R/3 existiert. Diese hatte da nur einen anderen Namen oder wurden als separates Produkt angeboten.

NetWeaver

Der bereits erwähnte NetWeaver fasst sämtliche SAP-Basisfunktionen und Systemdaten zusammen und stellt sie zur Verfügung. Er ist damit die Basis der Datenverarbeitung in mySAP ERP und umfasst viele, teils neue, teils bisher existierende Komponenten.

Der NetWeaver ist in mySAP ERP das eigentliche Neue. Dieser Netzgeber ersetzt und beinhaltet die bisherige R/3 Komponente BC (Basis Component) umfasst aber auch eine ganze Reihe weiterer Komponenten.

Die folgende Grafik stellt eine Übersicht der NetWeaver-Komponenten dar. Hier lässt sich erkennen, ob diese bereits in SAP R/3 vorhanden waren und gibt dann ggf. deren Namen an.

Übersicht zu den NetWeaver-Komponenten

NetWeaver-Komponente	entsprechende SAP-R/3-Komponente(n)	Anmerkung
Web Application Server (WAS) und die Basiskomponenten (BC)	WAS und BC waren bisher bereits Teil von SAP R/3	WAS ist eine Technik, um Geschäftsprozesse „internetfähig" zu machen und muss zusammen mit den BC-Grundfunktionen immer genutzt werden, unabhängig davon, welche fachlichen Aufgaben durch mySAP bearbeitet werden sollen.
Business Warehouse (BW) mit Business Intelligence (BI)	bisher ein eigenständiges SAP-System, das separat in R/3 installiert und als eigenes Produkt vermarktet wurde	BW/BI ist ein einheitlicher Datenspeicher mit umfassenden Auswertungsmöglichkeiten für Unternehmensentscheidungen. Durch die Integration in den NetWeaver wird die Nutzung der Daten erleichtert, ohne dass dafür separate Kosten anfallen. Das BW kann nach wie vor als separates System betrieben werden.
Enterprise Portal (EP)	bisher als eigenständiges SAP-Produkt nicht in R/3 integriert	Das EP bietet einen internet-ähnlichen Zugang zu den Unternehmensdaten (einschließlich Zusammenarbeits- und Wissensmanagement Funktionen). Die Nutzung ist nicht zwingend. Das EP ist auch weniger eine fertige Software-Komponente als vielmehr ein „Baukasten", mit dessen Hilfe eine Firma sich ihr spezifisches EP zusammenstellen kann.
Mobile Infrastructure (MI)	bisher in SAP R/3 nicht vorhanden	MI ist kein fertiges Produkt, sondern eher eine Sammlung von Werkzeugen und Schnittstellen, um mobile Geräte (Handys, PDAs, RFID-Leser usw.) mit mySAP zu verbinden.
Solution Manager, Funktionen	war bisher bereits Teil von SAP R/3	Der Solution Manager ist eine Werkzeugsammlung vor allem für die Verwaltung (Administration) des WAS und der Basisfunktionen, sowie für den Einführungsprozess von mySAP.
Master Data Management (MDM)	bisher in SAP R/3 nicht vorhanden	Das MDM dient vor allem der Zusammenführung und Vereinheitlichung von Stammdaten aus verschiedenen SAP- und Nicht-SAP-Systemen.
Exchange Infrastructure (XI)	SAP-spezifische Schnittstellen wie z.B. BAPI, RFC, iDOC oder ALE	Die XI ist kein fertiges Produkt, sondern eher eine Sammlung von Werkzeugen und standardisierten Schnittstellendefinitionen, um auf diese Weise Nicht-SAP-Programme untereinander und mit mySAP ERP zu verbinden.

Abbildung 5: Übersicht zu den NetWeaver-Komponenten

Quelle: Computer und Arbeit, Ausgabe 4/2007

Unwesentliche Änderungen

Transaktionen und Reports

Obwohl mySAP ERP als völlig neues Produkt vermarktet wird, gibt es doch eine Reihe zentraler Komponenten, welche sich nicht oder nicht wesentlich geändert haben.
mySAP ERP nutzt z.B. weiterhin als Grundbausteine „Transaktionen" (Datenverarbeitungsvorgänge) und „Reports" (Datenauswertung), die alle in ABAP, der SAP-eigenen Programmiersprache, erstellt werden.
Längerfristig sollen allerdings immer mehr Reports durch die Funktionalität des

Business-Warehouses ersetzt werden.[20]

Berechtigungskonzept

Die Elemente des Berechtigungskonzept haben sich nicht geändert. Es gibt, wie bei SAP R/3, „Berechtigungsobjekte", aus welchen dann Berechtigungen, Profile und Benutzerrollen gebildet werden.[21] In seltenen Fällen, wie z.B. bei dem Modul HCM, kommen neue Berechtigungsobjekte hinzu.

Protokollierung

Wie auch schon in SAP R/3 werden immer noch viele Aktivitäten der SAP-Benutzer mitprotokolliert.

Weitere Protokolle können bei Bedarf zugeschalten werden.[22]

GUI

Auch mySAP ERP nutzt für die üblichen betrieblichen Anwendungen das sogenannte SAP-GUI, die schon von SAP R/3 her bekannte auf Windows beruhende Bedienungsoberfläche.[23]

Die Möglichkeit, mySAP ERP mit Hilfe eines Internetbrowsers bedienen zu können, spielt für innerbetriebliche Anwendungen keine Rolle.[24]

Diese Möglichkeit gab es zudem ansatzweise auch schon mit SAP R/3.

Zusammenfassung

Mit mySAP ERP hat die SAP AG den Nachfolger von R/3 und R/3 Enterprise vorgestellt. Als eine Lösung aus der mySAP Business Suite basiert mySAP ERP auf der

---

20 Vgl.: Rupp, Von SAP R/3 zu mySAP ERP: alter Wein in neuen Schläuchen?
21 Vgl.:
   http://help.sap.com/saphelp_webas620/helpdata/de/52/671285439b11d1896f0000e8322d00/content.ht
   m
22 Vgl.: Rupp, Von SAP R/3 zu mySAP ERP: alter Wein in neuen Schläuchen?
23 Vgl.: http://www.citrix.de/produkte/loesungen/anforderungen/sap/r3-mysap-erp/
24 Vgl.: Rupp, Von SAP R/3 zu mySAP ERP: alter Wein in neuen Schläuchen?

neuen Technologieplattform SAP NetWeaver. Viele Technologielieferanten wählen aktuell einen serviceorientierten Ansatz für zukünftige Software Produkte. Auch die SAP AG geht mit ihrer Enterprise Services-Oriented Architecture (Enterprise SOA) diesen Weg. Mit der SAP NetWeaver Technologieplattform ist bereits eine Umsetzung der ESA veröffentlicht worden. Die Architektur soll es ermöglichen, prozess-orientierte Lösungen zu entwickeln, welche Funktionen verschiedener Applikationen nutzen.[25]

Man kann alles in allem sagen, dass mySAP ERP im Gegensatz zu SAP R/3 nichts völlig neues ist, es sich aber auch nicht nur um eine Kopie mit einem neuen Namen handelt.

Mit mySAP ERP greift SAP die Kritik, vor allem großer internationaler Konzerne, an SAP R/3 auf und versucht, durch neuen Konzepten und Komponenten deren Bedürfnisse gerecht zu werden.

Bedenken muss man hier, dass hiervon noch vieles auf dem Papier steht und noch nicht realisiert ist.

Es wird in Zukunft noch weniger als bisher möglich sein, von einem SAP-Standardprodukt zu sprechen. Dem zufolge wird mySAP ERP auch nicht die gleiche Installation bei verschiedenen Unternehmen haben, denn mySAP ERP ist ein frei konfigurierbarer Baukasten.[26]

---

25 Vgl.: Volmari, Business Whitepaper - Citrix Lösungen für mySAP ERP
26 Vgl.: Rupp, Von SAP R/3 zu mySAP ERP: alter Wein in neuen Schläuchen?

Literaturverzeichnis

Ullrich, M. (2000): SAP R3 - Der schnelle Einstieg, München 2000

Maassen, A., Schoenen, M., Werr I. (2005): Grundkurs SAP R3, 3. Aufl., Wiesbaden 2005

Rupp, H. (2007): Zeitschrift - Computer und Arbeit; Von SAP R/3 zu mySAP ERP: alter Wein in neuen Schläuchen?, Ausgabe 4/2007

Rupp, H. (2007): Zeitschrift - Computer und Arbeit; Mögliche Auswirkungen von mySAP ERP auf die Beschäftigten, Ausgabe 4/2007

Volmari, S. (2006): Business Whitepaper - Citrix Lösungen für mySAP ERP, 09/2006

Stilkerich, F. (2008); Foliensatz „Einführung SAP FOM 2008", Fachhochschule für Oekonomie & Management

Computerwoche, Nutzer beugen sich dem SAP-Druck, http://www.computerwoche.de/heftarchiv/2007/07/1217941/ , Stand 12.02.2007, Zugriff 18.01.2009

IT-Wissen, ERP, http://www.itwissen.info/definition/lexikon/enterprise-resource-planning-ERP.html , Zugriff 18.01.2009

ERP-Workshop, http://einkauf.oesterreich.com/ERP_Workshop_20070307/workshop/index.htm , Stand 2005, Zugriff 18.01.2009

Wikipedia, SAP, http://de.wikipedia.org/wiki/SAP , Stand 16.01.2009, Zugriff 19.01.2009

SAP, Enterprise Service-Oriented Architecture, http://www.sap.com/germany/plattform/enterprisesoa/index.epx , Stand 2008, Zugriff 19.01.2009

SAP, SAP setzt auf XML für übergreifende Integration, http://www.computerwoche.de/heftarchiv/2000/18/1074900/ , Stand 05.05.2000, Zugriff 19.01.2009

Citrix, Schnelle Bereitstellung von R/3 und mySAP ERP an jedem Arbeitsplatz, http://www.citrix.de/produkte/loesungen/anforderungen/sap/r3-mysap-erp/ , Stand 2007, Zugriff 19.01.2009

SAP, SAP-Berechtigungskonzept,
http://help.sap.com/saphelp_webas620/helpdata/de/52/671285439b11d1896f0000e8322d
00/content.htm , Zugriff 19.01.2009

BEI GRIN MACHT SICH IHR WISSEN BEZAHLT

- Wir veröffentlichen Ihre Hausarbeit,
  Bachelor- und Masterarbeit

- Ihr eigenes eBook und Buch -
  weltweit in allen wichtigen Shops

- Verdienen Sie an jedem Verkauf

Jetzt bei www.GRIN.com hochladen und kostenlos publizieren

www.ingramcontent.com/pod-product-compliance
Lightning Source LLC
La Vergne TN
LVHW042315060326
832902LV00009B/1512